中华武术典籍珍藏

民国武术文献选刊

第一辑 第五卷

崔虎刚 收集整理

北京体育大学出版社

责任编辑：田　露
责任校对：陆继萍
版式设计：高文函

图书在版编目（CIP）数据

民国武术文献选刊. 第一辑. 第五卷 / 崔虎刚收集整理. -- 北京 : 北京体育大学出版社, 2024.1
（中华武术典籍珍藏）
ISBN 978-7-5644-4001-5

Ⅰ. ①民… Ⅱ. ①崔… Ⅲ. ①武术—文献—汇编—中国—民国 Ⅳ. ①G852

中国国家版本馆CIP数据核字(2023)第255019号

民国武术文献选刊. 第一辑. 第五卷　　崔虎刚 收集整理
MINGUO WUSHU WENXIAN XUANKAN. DI-YI JI. DI-WU JUAN

出版发行：北京体育大学出版社
地　　址：北京市海淀区农大南路 1 号院 2 号楼 2 层办公 B-212
邮　　编：100084
网　　址：http: //cbs.bsu.edu.cn
发 行 部：010-62989320
邮 购 部：北京体育大学出版社读者服务部 010-62989432
印　　刷：北京雅图新世纪印刷科技有限公司
开　　本：710 mm × 1000 mm　1/16
成品尺寸：170 mm × 240 mm
印　　张：8.75
字　　数：91 千字
版　　次：2024 年 1 月第 1 版
印　　次：2024 年 1 月第 1 次印刷
定　　价：98.00 元

筹委会

（排名不计先后）

【河北】

王雪松　董智勇　侯晓山　张春光　智　泳　李向东　王弘武　苏建中　魏朝辉
王英臣　赵　军　段雷朋　王欢迎　孟祥国　刘明华　王文革　董法胜　卢宝库
马新华　孟令斗　李学兵　龙　威　狄松涛　牛树天　孟令聪　张永泽　孟令兴
孟令江　张思雨　高立新　陆明文　赵世君　张守安　王向东　赵永亮　曹彦场
刘　念　许　栋　卢保卫　庄国伟　孙　健　巩国平　孙　振　姜海伟　徐书长
王　宾　王永涛　赵志勇　张剑军　孟祥龙　柴海生　田卫民　王铁英　张继斌
秦晓悦　刘红强　王长军　田振伟　田　伟　闫庆洪　郎立成　张坤伟　李　波
周　弘　郗建勋　刘光芒　王福庆　张星一　董贵轩　高国辉　孟春华　陈志刚
张增海　李常琳　章建春　张　斌　李　冰　王小龙　鲍玉龙　常　军　李会锋
盖国海　张铁柱　钟俊峰　张根云　任增良　宋分成　李保辉　卜元法　刘　雷
封佳良　李立兵　郝桂英　杨志英　赵连江　张　聪　夏令虎　李正国　丁　强
李文龙　王学武　陈宇明　李金龙　张　义　牛志勋

【山西】

李旭东　刘笃义　苗树林　李乃勤　张振杰　陈贵更　姚建东　张　欣　邢晓朝
王连恒　王　兵　马德祥　薛文江　温锦铭　杨　军　郝利华　李俊杰　王守禄
董冬元　张奇林　任晓平　沈炜东　赵京生　刘叔勤　梁光平　郭玉文　李　白
王理生道长　吴志刚　阎子龙　王宏伟　王　建　李德仁　郭润泽　高玉兔
许青行　孙君荣　陈　娟　赵国华　王银辉　胡晓琴　田志丹　韦树杰　温玉恩
胡元亮　马海平　张玉全　阴建文　王日兵　郭　扬　释妙修　高全民　何　军
冉高峰　李正业　王勇义　晨　曦　田正西　马学恩　郭晋博　王建筑　高宝东

王太晨　侯庆林　朱喜何　宋宝贵　宋俊芳　吴会进　王俊香　张楗军　王德俊
胡佳锋　王雨东　李青峰　史德全　吕　卓　梁文章　李宇鹏　于庆海　吕永昌
吕传泳　李景福　乔一铭　王攀峰　石大永　姬俊峰　贾国喜　吴利生　吴利民
杨志忠　胡安辉　曹中义　胡丽娟　武　冬　王　勇　陆向春　高　静　姬　才
殷文军　王苗祥　王仲文　江俊峰　张丕锋　白玉仁　刘铁铸　秦同文

【内蒙古】

刘井春　褚海东　孙根新　宋仿琛　范健宇　武静安　刘永文　郭迎宾　王浩亮
卢爱琴　乾　坤　白景春　张国华　吕瑞亭　刘世君　周彦明

【北京】

胥荣东　康戈武　徐　杰　于昕洋　肖红艳　酒大雷　姜启超　聂志涛　刘　翊
吕鸣捷　赵安平　尚远宇　王　凯　孙汝贤　牛立新　孙国中　党雪田　高晓光
贾永安　邸国勇　乔　宁　辛　强　刘　铄　程庆余　王　桐　赵天阳　左宇彤
韩俊瑛　孙嘉浜　孙文景　白石羽　德　全　欧　阳　万周迎　徐　鹏　刘路遥
李　谷　左　健　付洪波　成金俊　黄志刚　李　戈　彭　龙　陈　轶　高雪峰
王宝山　王中行　王沥斌　贞　达　孙庆丰　薛　岩　李　迎　张　斌　洛　尘
张　磊　金　微　秦保华　杨文学　王庆年　徐　许　刘福龙　孙国柱　刘满常
于　浩　张国儒　刘万成　于　江

【天津】

崔　巍　于经元　胡向阳　刘宝林　张天龙　张金旺　丁伯立　顾海波　赵文龙
王　诜　王福勇　崔媛媛　马延凯　张聚贵　孙国善

【辽宁】

刘洪刚　任　彬　于万凯　孟　涛　黄中元　高　朋　万　勇　梁　丰　孔德林
潘大庆　王秀如　臧福源　李保刚　薛圣东　孙贵东　袁　波　张　悦　韩宝轩
蒋秀山　侯　明　乔　武　刘英伟　张国志　刘计星　李金友　高　宇　马　畅
郑维钧

【吉林】

张　河　邓宇光　李　银　丁　皓　骆立文　王君波　孟　宇　徐厚祥　佟　冰
倪　郝　赵　耀　郭其武　袁洪范　刘　君

【黑龙江】

佟亮辰　张艳阳　陈玺镔　张指辉　王　皓　宋　梁　郭宝成　陈　斌　刘立国
毕文波　杜伟国　黄忠伟　李　冰　吴　俣　曹志峰　马宏伟

【河南】

张雄鹰　种明生　郭航海　王志远　贾自愿　安呈林　朱利军　释延布　杜长坤
刘启飞　石　勇　王农川　郑营俊　常青州　张　艺　马众森　王占敏　巩建松
倪根上　陈近仁　李朝乾　李紫剑　邢红义　李佩革　刁修华　梁靖予　宋尚军
释延巽　李红林　赖庆新　陈万军　郝跟上　张　帆　恒　勇　王子淳　张亚东
孙明亮　魏淑云　赵振选　王会武　耿　军　买西山　买　威　时晓武　买　勇
买仁萍　仵　锋　马德占　王长明　张伟兵　代忠波　张　玮　段建民　孙保才
李小欣　酒同标　酒小郎　苗轩国　孙和龙　孙随成　焦立武　王建设　刘培兴
苗鸿宝　苗步超　张运生　苗田营　苗富强　杨德民　胥兆飞

【湖北】

徐　斌　张建生　李应龙　刘　杰　石　峰　田　浩　夏四鸿　梁靖予　陈玄机
瞿凤华　秦声浩　严　飞　姜学斌　郑桂桐　胡炳林　李德民　薛兴江　胡圣奎
王卫红　焦通章　徐赐兵　黄亚平　戴珂铭　张　显　刘秋龙　马国平　薛劲松
李志武　丁大益　黄胜文　唐俊虎

【湖南】

苏若鸣　陈开喜　王常秀　张常海　邹　骁　刘建湘　黎昌元　向军华　张继桂
蒋谷川　滕召军

【广西】

黄耀丹　夏　敏　唐晓艺　严翰秀　赖铭强　梁杰乔　张容嘉　廖贤阳

【广东】

于鸿坤　蒋荣杰　任官生　蒋子龙　张俊林　蒋化一　李湘山　刘　泉　沈建杰
余锐镔　张勇强　方　金　陈　执　毕荣俊　刘志坚　靳清江　马廉祯　吴广添
邵剑波　梁伟民　颜志图　吴启贤　陈　伟　王　贵　张梦阳　陈福和　廖锦泉
方应中　陆常康　杨亚国　房向南　陈健志　覃海权　徐　宏　梁柏清　赵刚生
江善祯　房　生　黄　熠　李伟光　贾华兵　王会哲　林国生　吴晓辉　吴立群
冼伟昭　梁文楷　黄仕君　曾奕涵　钟立强　陈会崇　杨柳标　王邦菊　张广辉
刘志添　刘春涛　杨春茂　詹亮清　莫华法　罗浩苑

【深圳】

郑喜平　周　华　李翰青　曹革林　苏洪海　梁　丰　贾永唐　徐百军　连　成
蒋定臻　王继勋

【海南】

梁昌泰　张　雷　李　秀　陈东升

【山东】

高鹏熙　李满利　张松仁　谭京杰　王　刚　马　斌　刘　毅　孙胜辉　周云峰
王玉金　尤明达　厉善祥　刁长俊　周庆春　孙丰玺　许　峰　王芝强　王　斌
刘维明　战文腾　宫智辉　倪德飞　孙思蒙　张　斌　郝代远　史　鼎　康汝宙
郭　宁　张长生　赵延俊　张胜利　张克田　周　游　刘　伟　安宝东　刘军农
董玉明　王景钏　贾友民　张树远　李保庆　王继国　王燚鹏　潘　章　高　承
李万温　张卫东　王宏全　王　伟　梁国爱　李海涛　李飞林　刘连洋　王国川
郑中华　张彦营　姚　磊　刘东强　白正刚　吕延波　洪卫国　张延斌　谷志强
孙晞棠　赵国忠　邓　桦　曹广超　周　琦　陈　雷　泰　祯　李安国　郭英新
徐西林　董志忠　张乐华　孙瑞全　张元海　刘龙昌　谭凯文　冯长源　杨　雷
张　涛　李其胜　梁殿品　张祥泽　朱宗启　薛士玉　杜孝伟　朱永强　樊　霄
杨圆义　刘道毅　李若现　王立岩　要学良　刘圭生　郭玉刚　张　鹰　李金顺
彭维利

【江苏】

杨　忠　窦小彦　许　忠　江其林　兰顺林　王存果　刘季月　周晓明　卜照生
张　亮　马　伟　时丕昌　师厚春　徐　帆　林圆龙　梁　雪　王新跃　谢逸繁
李　胜　解建昌　张爱成　沈枫涛　翟爱武　王吉波　张爱春　王海港　胥子连
毕明府　程　明　刘　通　陈军民　虞洪涛　张　滇　陈灏梁　景怀义　韩运疆
宫翠峰

【浙江】

仇富军　吕　亮　倪顺坚　孙　吉　杨秦健　张　斌　金　翰　王良辰　李继红
蔡德强　戴有木　张青松　马俊成　刘　柱　俞永辉　刘立存　李诚勤　张　俊
高宜挺　许科军　俞佐清　顾　坚　王圣华　刘小峰　杨　华　陈碧如　邓显群
顿鹏辉　江　澜　王一静　姚步高　江敏华　王纪杰　蒋　文　陈宇阳　钱周锋
周　明　蒋仲清　陈幼根　周　锋　陈沛宝　赵　青　凌风子　景　然　周美良
潘小江　卢成昌　潘石弟　凌懿文

【福建】

王福民　蔡卫权　倪忠森　王振河　张祖永　蒋秀山　许剑云　陈向荣　孟庆贺
连国汉　林　峰　俞景耀　陈恒演　涂智兴　罗建晖　林和顺　胡文辉　梁　涛
林建栋　吕信明　周　攀　杨　晗　刘有春

【安徽】

胡春泉　曹　军　钱军帅　祝安园　聂红松　江　奎　魏　冰　毛立欢　冯　皓
欧阳兴业　马　林　铁中玉　刘俊杰　王靖华　武爱东　陈晓东　徐永银
吴　笛　陈　军　赵　飙　张宏华　王　磊　吴　昊　胡卫东　吴　伟　谭全胜
刘法志　汪　泉　乔长良　朱红军　杨纯生　卫　存　卢　杰　秦　琥　王学东
聂　刚　曹其根　曹季泉　曹加才　纪良发　曹　凯　董德霖　张　博

【江西】

熊庆云　钟水清　李舒霖　郭木青　王联军　唐毓堃　张功燚　李江明　屈　群
刘　超　应宗强　李洋洋　陈　军　乐　繁　代建国　钟祥明　虞法志　章新尧
林爱兵　林国生　刘炳开　童加清　李曦初　李海斌　王禹平　崔瑞郡　李广华

【上海】

林　杰　谭振勇　朱长跃　樊永平　杨雨辰　金培贤　金俊达　尹　捷　薛怡平
鞠学东　阚水源　凌先生　孙连盛　杨志承　孙经纬　王宝财　谢琦辉　刘　志
何轻舟　吴爱民　宋　旭　游　清　释永照　董家良　董纲成　陆龙祥　陈海光
梅永福

【陕西】

李　钢　张　钢　郭华东　邵　华　杨俊伟　罗　德　董安强　贺元瑞　杜群喜
杨伟峰　王晨生　杨　坚　白永东　孙　武　陈少纯　郭桂荣

【甘肃】

郝心莲　辛富国　金　宏　李宝才　温世杰　马　伟　汪子竣

【宁夏】

杨文舜　梁杰乔　吴　涛

【青海】

马宏伟　朱春明

【新疆】

赖宝珊　任　军　黄尘哲　张新民

【云南】

黎丽辉　曾　瀚　李太宏　鄢　博　赵顺军　张晨光　叶昆生

【贵州】

杨绍平　谢明宇　刘　曦　孙鲁龙　黄　檗　刘庆涛　曾昭弟

【四川】

侯　毅　古海啸　梁军民　金　亚　李　阳　周新杰　罗　斌　王伟骅　陈兴均
曹　卉　兰　唯　唐博文　郭　建　邱湘彭　罗小波　唐　昶　黄趾洲　温昌奇

【重庆】

罗　明　徐泉森　罗先雄　曹晓东　陈治军　张文欣　张宗华　周光华　黄文才　吴洪明　刘天海　袁一晋

【香港】

李健雄　Mehdi　谢永铭

【台湾】

杨正隆

【其他国家】

黄少武　王振身　陈　闯　龙勿用　胡耀武　柳寿晨　容光远　张立彪　甲斐正也　村上正洋　片桐阳　马永光

特别鸣谢

李金明　王彩鲜　李延春　庞明泉　李　翔　智晓园　于　芳　张　梅　周兰英
安　毅　王新瑞　李克宣　崔并花　杜崇开　刘　洽　张　昭　李继光　薛思问
杨春兰　李　懿　邹德发　吴世勋　高友孝　刘瑞荫　黄兴发　王云山及其姐
袁树礼　郭荣珍　耿爱梅　刘丽俊　郝富义　李补鱼　郝锦园　杨桂芳　杨洪喜
刘怀玉　钟雪友　蔡震升　伦怡馨　高　瑛　李龙城　张魁武　柳百成　张德生
李建勇　贺国安　王慧琴　冯银刚　韩太民　韩原民　曹东红　王　浩　韩常林
韩焕茹　尤素娥　赵海凤　胡玉洁　张桂兰　田喜凤　郭宝芳　魏宏斌　袁建斌
郭　宏　马润生　冯骑明　阎文辉　焦清华　王秀丽　郭　刚　韩秀英　卢冬光
张雪刚　尹贵龙　范阿宝　朱建华　巩爱平　胡建彪　何建东　郝宪伟　郝建邦
郭仁实　高澍芃　江敬斌　薄建东　郑　炜　周　宏　吕　毅　徐用生　田春林
李　明　师维勇　韩小华　尹小玲　赵学毅　刘巧莲　任建玲　赵媛凤　义瑞珍
张玉香　张秀玲　魏巧燕　王小源　海晓霞　刘庆林　赵丽华　徐　静　姚书典
殷　岩　王小根　王海英　宁晚林　胡玉亭　乔　栋　田振山　林　纲　赵大春
朱　峻　王民忠　李　刚　顾武安　李　峰　章　青　叶林忠　贾云杰　许树华
杜　箐　刀京梅　孙慧敏　姜淑霞　王占伟　王艳玲　常学刚　梁伟民　王跃平
冉宏伟　王　蓉　苑博洋　胡志华　李博伦　宋杨萍　韩　翔　田海英
恩师朱华先生、师母冀秀珍女士
父亲崔官禄、母亲王玉莲及兄弟姐妹各家人

目录

太极拳、剑、推手各势详解 1

太极拳、剑、推手各势详解

提要

《太极拳、剑、推手各势详解》，一册，手抄本，据序和文后版权页可知，编著者为文进之，成书于中华民国三十七年（1948 年）。该书虽为手抄本，但字迹工整，全书结构合理，用图文对照的方式详细讲解太极拳、太极剑、太极推手的各势动作。

全书共十部分，其中序占其一，太极拳内容占其五，太极剑、太极推手各占其二。书中三篇序言之后为正文，正文首先从宏观的角度介绍太极拳的要义、太极拳的名称、注意十则，然后才进入具体招式的讲解，在讲解具体招式前还标出各招式的名称，令人一目了然。全书正文的主体部分，体例结构稍有不同，“太极拳（一）各势讲解”是从“释名、方向、动作、重心、应用”五方面入手，“太极拳（二）各势讲解”“太极剑各势讲解”无“应用”方面的说明，“太极推手”则分别讲解甲乙二人的动作。文字下方配有对应招式的图片，按上下或者左右顺序编排。文后还有《校对正误表》。

从整体来看，全书行文畅达，内容由浅入深、由表及里，可见编著者技艺的精湛和对太极传承的用心。

太極
拳劍推手各勢詳解
國師

目錄

壹——序
貳——太極拳之要義
叁——太極拳(一)各勢名稱
肆——太極拳(一)各勢詳解
伍——太極拳(二)各勢名稱
陸——太極拳(二)各勢詳解
柒——太極劍各勢名稱
捌——太極劍各勢詳解
玖——太極推手之要點
拾——太極推手之方法

壹——序

陳序

同事文進之先生精於太極拳劍朝夕勤練寒暑無間故其年齡雖逾五十而精神充沛身體強健若三十許人爲且能日行百數十里肩荷百數十斤神色自如絕無疲喘之象益信其修練拳劍有素獲效蓋非淺鮮也在院尤熱心教授指導懇懃敦勵親切示範施教唇焦舌敝在所不計以是得其傳而學成者頗衆邇者。先生不自祕藏課暇將其動作姿勢繪圖詳解。編印成書以期普及。此實強種強國之舉。承命而爲之序尤不勝榮幸焉。

中華民國三十七年一月十日長沙陳奎生於南岳國立師範學院體育系科辦公室

涂序

文進之先生體育專家也，尤精於太極拳及太極劍，且愛好音樂。一日來至余正在練習鋼琴之舞蹈室，珠圓玉潤的起舞其太極拳來。余即改彈柔和舒緩之曲調以隨之，練罷相視莫逆的一笑，此其中固有會心之所在焉。蓋彼此均發現太極拳之與韻律有相得益彰之妙用也。茲於其巨著太極拳太極劍出刊之始、提供此一得之愚而為之序。或亦為認「體育為進步之生活」之教育家所期許者歟

中華民國三十七年孟春瀏陽涂文謹識於南岳國師

自序

吾國往昔關於強身自衛之術僅資茶餘酒後之談如某也長於武功某也精於技擊眉飛色舞娓娓不休及詰以行功致道之由則瞠目莫能對蓋斯道之不彰也久矣有志之士雖欲致力研究而苦無專書恆切畢生之力以致勞而無成殊可歎也

曩余攻讀南京國立東南大學體育科時慕習國術無分派別但常感費力多而收效少嗣乃專師王潤生先生之太極拳深覺運用圓活如環無端莫知所止且各動作簡而易習柔而省力而前後聯絡宛如一氣呵成其於強身自衛之功可謂臻於上乘矣厥後任教天津南開學校青島海軍艦隊河南開封師範長沙湖南大學迄今國立師範學院共歷二十餘年對於太極拳劍推手之研習并承沈佩言張登魁蔡道人三位先生之指正非敢自詡有得顧亦未嘗一日間斷也

近數年來後學日增惜無借鏡可資進益抗戰以還各大書肆於此類書籍尤為罕見茲應各方之需求勉將太極拳太極劍太極推手三種編著成冊以餉讀者。

溯自宋末太極拳始祖張三丰氏之下以楊吳二氏最負盛名楊氏太極拳者楊露蟬先生所傳北方人多習之吳氏太極拳則為吳全佑先生所傳南方人多習之編者為教學便利計於原有各勢名稱動作稍加竄改微有出入要亦不失其本旨也惟以課務繁冗倉卒成書疏漏之處在所難免倘荷海內方家予以指正則幸甚矣

文進之序於南岳國師卅七年元月十日

附誌

一、本書按各勢名稱釋名方向動作重心與應用，依次分述并示圖樣較為明瞭容易學習

二、本書內分太極拳(一)原屬於吳氏者。太極拳(二)原屬於楊氏者。

三、本書因太極拳甚長俾初學者易於記憶，特將各動作分段說明但此拳最重聯貫，俟學完畢以後練習務宜連續行之

四、本書所繪各勢圖樣計太極拳(一)圖50幀。太極拳(二)圖60幀。太極劍圖56幀。太極推手圖14幀總共180幀。均可作練習時之參考。

五本書之成承阮真洪韻先生之鼓勵陳奎生涂文先生之賜序廖明幾先生之襄助繪圖胡康夫先生之設計封面何致瀟林松庭胡植氏王樑甫諸君代為校刊均此誌謝。

貳——太極拳之要義

一、太極拳定名之由來：

拳以太極名者以其姿勢圓轉渾全而剛柔相濟為用如太極也。傳宋末高僧張三丰氏創始之氏生於遼東懿州身高七尺能日行千里洪武初至蜀大和山修道廿七年入湖北武當山誦經一日有喜雀急鳴於院中張氏聞之由窗中窺見樹上有雀其目下視地上蟠有長蛇其目仰視二物相鬥歷久不止每當雀上下飛擊長蛇時蛇乃蜿蜒輕身搖首閃避仍作蟠形，多次往復未被擊中張氏由此悟通太極以靜制動以柔克剛之理因仿太極變化而命名此太極拳定名之由來也。

二、太極拳與科學之關係：

甲生理方面：練習太極拳時全身肌肉放鬆呼吸任其自然當肺部伸縮之際橫隔膜被壓與八下各内臟一齊下降體之重心向下得立穩定之基此即氣沉丹田之謂也且四肢骨節與脊柱全部皆能伸張如蜿類動物之脊柱有伸縮如意之功能此於生理上活絡筋節之血脈而易見者也

乙、心理方面：吾人最偉大之精神力量能促心理作用影响於生理作用學習太極拳者用意若愈周密往後成就必愈精深久之習慣成自然全身神經肌肉反應加速倘一旦遇有外力加諸其身即有不假思索隨机應變之妙

丙、物理方面：太極拳之動作多屬圓形如划船運槳係用直力汽船運輪則用環力也，太極拳一切動作皆以脊柱為中軸以手足為齒輪以心意為發動机故以意為先而動作随之所謂一動無有不動一靜無有不靜也

三、太極拳練習時之特点：

凡初習太極拳者每多懷疑慢而無力不能應用殊不知練此拳與他種拳不同之点在此而其功效之大於他種拳者亦在此也習者須知太極拳學理至深應先滿具信仰切實研究學理瞭然再學方法方能精熟始能應用如鍊鋼然由

生鉄而鍊成熟鉄由熟鉄而鍊成純鋼非経過長時間之火力不為功太極拳之所以由慢而成者其練習時純任自然不尚力氣而尚用意用力則笨用氣則滯是以沉氣鬆力為要蓋慢所以能静静所以能守守之謂定此即心氣之中定也心定而後體静體静而後神安神安而後氣沉氣沉而後精神團聚乃能聚精會神一氣貫通且慢則由於心細心細則神清神清則氣爽乃無氣滞之弊快則由於心粗心粗則性急性急則氣浮氣浮不沉性急不静不沉不静心無所守則散乱之病生此慢與不用力之特点也

四太極拳最顕著之功用：

1、全部動作繁簡適中學習極易不論男女老弱皆可終身練習其功能強健筋骨調和氣血修養身心却病延年實為後天養生之良法

2、每觀在校青年體育成績優良一俟出校之後因受職務時間地点及客観方面之種種限制不能繼續鍛鍊固有之成績一落千丈強健之身體日就孱羸惟有加練太極拳能補此種缺憾

3、中老年人為公務員者終日案牘勞神每多面黄肌瘦精神委頓身體日衰

工作效能亦必減少倘能每日早晚練習太極拳一二次疲勞易於恢復精神必漸增加不但有益於身體與工作效率且能使頭腦清明智慧增進其獲益殊非淺尠也。

4、每天不限時間早晚（除飯前飯後）全部練習一次需時十分至十五分既不費力又不累神而血脈運行筋骨舒暢能予人以極愉快之反應。

5、藉此可以養成起早之優良習慣與免却晚間之寢後失眠。

6、不需一定場所無論室內室外或旅邸客舍有數尺隙地即可練習。

7、除單獨練習外遇二人以上有推手方法彼此更替尤饒興趣。

8、不要設備不費金錢為休閒教育中最便於舉行之體育活動。

9、習者在家可用之為家庭體育在外可以之助人向進健康實為強種強國，移風易俗之實際功夫。

10、太極拳能用意多練一次即多一次進步故愈練則愈有進步亦愈有興趣，久之興趣濃厚自不願半途而廢矣。

由上觀之太極拳大可彌補社會體育之不足而關於戰後國民之身體健康

尤為重要深願有志體育者共加研究積極提倡以宏揚張氏之遺教而增進人生之康樂也

叁——太極拳(一)各勢名稱（共計一百三十手）

1. 太極起勢
2. 左七星
3. 右七星
4. 攬雀尾
5. 單鞭
6. 提手上勢
7. 白鶴亮翅
8. 左摟膝拗步
9. 左七星
10. 左摟膝拗步
11. 右摟膝拗步
12. 右七星
13. 右摟膝拗步
14. 左摟膝拗步
15. 左七星
16. 手揮琵琶勢
17. 上步搬攔捶
18. 如封似閉
19. 抱虎歸山
20. 左摟膝拗步
21. 轉身右摟膝拗步
22. 右七星
23. 攬雀尾
24. 斜單鞭
25. 轉身肘底看捶
26. 左倒輦猴
27. 右倒輦猴
28. 左倒輦猴
29. 斜飛勢
30. 提手上勢
31. 白鶴亮翅
32. 左摟膝拗步
33. 海底針
34. 扇通背
35. 撇身捶
36. 退步搬攔捶
37. 上步攬雀尾
38. 單鞭
39. 左雲手
40. 右雲手

4[illegible]
42、右雲手
43、單鞭（以上第一段）
44、左高探馬
45、左披身右分腿
46、右高探馬
47、右披身左分腿
48、轉身左蹬腳
49、左摟膝拗步
50、右摟膝拗步
51、左摟膝栽捶
52、右後轉披身捶
53、上步左高探馬
54、左披身右起腳

5[illegible]
56、右橫腿
57、雙風貫耳
58、倒身左踢腳
59、轉身右蹬腳
60、左七星
61、搬攔捶
62、如封似閉
63、抱虎歸山
64、左摟膝拗步
65、轉身右摟膝拗步
66、右七星
67、攬雀尾
68、斜單鞭

6[illegible]
70、右野馬分鬃
71、左野馬分鬃
72、右野馬分鬃
73、右七星
74、右野馬分鬃
75、左玉女穿梭
76、轉身右玉女穿梭
77、右七星
78、右野馬分鬃
79、左玉女穿梭
80、轉身右玉女穿梭
81、右七星
82、攬雀尾

8[illegible]
84、左雲手
85、右雲手
86、左雲手
87、右雲手
88、單鞭（以上第二段）
89、下勢
90、左金雞獨立
91、右金雞獨立
92、左倒輦猴
93、右倒輦猴
94、左倒輦猴
95、斜飛勢
96、提手上勢

97. 白鶴亮翅
98. 左摟膝拗步
99. 海底針
100. 扇通背
101. 撇身捶
102. 上步搬攔捶
103. 上步攬雀尾
104. 單鞭
105. 左雲手
106. 右雲手
107. 左雲手
108. 右雲手
109. 單鞭
110. 左高探馬
111. 左撲面掌
112. 轉身單手擺蓮
113. 右摟膝拗步
114. 左摟膝指襠捶
115. 上步攬雀尾
116. 單鞭
117. 下勢
118. 上步右七星
119. 退步跨虎
120. 轉身撲面掌
121. 轉身双手擺蓮
122. 彎弓射虎
123. 左高探馬
124. 左撲面掌
125. 撇身捶
126. 左高探馬
127. 右七星
128. 攬雀尾
129. 單鞭
130. 合太極（以上第三段）

注意十則

1. 立身中正
2. 神舒心定
3. 用意忌力
4. 氣沉丹田
5. 運行和緩
6. 舉動輕灵
7. 内外相合
8. 上下相連
9. 相隨不斷
10. 呼吸自然

肆——太極拳(一)各勢詳解

1、太極起勢：

一、釋名——太極為天地萬物之根本太極拳為各種拳術之上乘起勢者即起始之姿勢也

二、方向——以向南為佳。

起勢圖一

圖二

三、動作—身體正立兩足與肩等寬目視前方兩掌向下十指向前靠于兩腿之傍由前側後方一圈將掌向前上舉至兩臂伸直時十指往側後一圈仍由前下伸直過肩部當上體下蹲同時体重移于右腳

四、重心—左輕右重

五、注意—練習時宜体靜神舒氣沉丹田精神貫頂全身灵活動作輕鬆無絲毫着力處。

圖三

2、左七星：

一、釋名—以兩臂相抱兩掌斜對名七星式左七星者即以左手左足在前之謂也

二、方向—南

三、動作—兩掌由下側平舉至胸前相合左前右後十指向上與鼻

左七星

相對同時上体正直右膝稍屈左足向前足踵着地
四、重心—右腳
五、應用—設敵以右手當胸裏來可用此法折之。

3、右七星：

一、釋名—同上外即以右手右腳在前之謂也。
二、方面—西
三、動作—由上式左足踵與右足尖旋轉向右上体正直左膝稍屈右足向前足踵着地同時右掌與左掌前後相合十指向上與鼻相對。
四、重心—左腳
五、應用—設敵以左手當胸裏來可用此法折之

右七星

4、攬雀尾：

一、釋名—擬敵之臂為雀尾攬之以緩其前進之力即乘式前切以擲之也。

二、方向—西

三、動作—由上式雙掌稍往下移右脚上前半步、右掌向上左掌向下靠右脉膊處、以右掌為準自左向前往右一大圓圈．上体隨之旋轉。

四、重心—1、右脚 2、左脚、

五、應用—運動腹腰肩背作擠掤按擴之用

5 單鞭：

一、釋名—以手作鞭式謂之單鞭。

二、方向—東

三、動作—由上。式右掌由胸前往右上方手腕下垂五指併攏作勾狀左掌向内目視左掌自右往右轉掌向外肘節微屈同時左足向左半步成騎馬蹠。

攬雀尾

單鞭

四、重心—1、右脚　2、左脚

五、應用—1、練習四肢與張胸直背之用。　2、伸單掌推敵之用。

6、提手上式：

一、釋名—若提物向上也。

二、方向—南

三、動作—由前式右足上步同時右手往下左手往上双掌相對右手上提左手下壓時左足上步相距右足與肩等寬。

四、重心—1、左脚　2、右脚

五、應用—1、練習脊椎之伸縮力。　2、若敵迎面直擊時即用上擋下按進擊敵之各部。

提手上式

7、白鶴亮翅：

一、釋名—旋轉兩臂作鳥翼狀如鶴之展翅故名。

二、方向—由西往東

三、動作—由上式上体右轉右掌由右上方往下至左向上一大圓圈左手隨之同時屈膝下蹲轉体至体直立時頭與兩臂恰如山字形

四、重心—右脚

五、應用—1、練習胸背兩部之伸縮力。

2、壓掃敵方進攻之用。

8、左摟膝拗步：

一、釋名—以左手下摟左膝盖謂之左摟膝出左足伸右手謂之拗步。

二、方向—東

三、動作—体向左轉左足前出成左弓步左手下摟左膝往左同時右掌由

白鶴亮翅

左摟膝拗步

後下方宛轉向上直向前伸

四、重心—左脚

五、應用—1、練習兩臂與腰膝之屈伸力。

2、若敵由左下方袭来即以左手向左摟開再以右手前推其胸。

9、左七星：

方向—東　餘與前同

10、左摟膝拗步：

同前

11、右摟膝拗步：

唯上右脚與方向相同　餘與10、相反。

12、右七星：

方向—東　餘與前同。

右摟膝拗步

13、右摟膝拗步：

同前

14、左摟膝拗步：

上左脚　餘與前同。

15、左七星：　同前

16、手揮琵琶式：

一、釋名—手揮者兩手搖動如以指撫琵琶之弦者然。

二、方向—東

三、動作—由上式双手内收往右向前繞圈同時体重向前右足靠攏

四、重心—人左脚　又、右脚

五、應用—人運動手宛腰脊及体重前移。又若敵握我右手時我之右手向懷内後收以揉化其力遂右足即以双手向前推之

手揮琵琶式

17、上步搬攔捶：

一、釋名—用手搬開敵人之手或攔阻之後用拳迎裹之稱也

二、方向—東

三、動作—由上式左足前進一步同時双手再由内往右向前右拳往下後收隨即向前伸直而左手亦隨即向前攔後即收近胸前。

四、重心—1、右脚 2、左脚

五、應用—1、運動脊椎灵活肩膀。 2、若敵拳當胸裹來即順手搬開敵欲逃走隨即攔之速裹其胸。

上步搬攔捶

18、如封似閉：

一、釋名—即攔格敵手之意。

二、方向—東

三、動作—由上式左手捶過右腋下向前轉掌伸直同時右掌向上双掌收回胸前隨即轉掌向前推出。
四、重心—1、右脚　2、左脚
五、應用—若敵握我右手速將左手由下方撥開隨即双手向前推去

19. 抱虎歸山：
一、釋名—擬敵為虎抱而擲之也
二、方向—由東往南
三、動作—由上式前推往下屈膝轉体向右体上升两臂由側向胸前交叉右手在內左手在外同時左足靠右半步

如封似閉

抱虎歸山

四、重心—1、左脚　2、右脚

五、應用—1、運動四肢軀幹連成一氣　2、若敵由身後右側襲來即以右手下摟其臂乘勢轉抱敵身擊之。

20、左摟膝拗步：

方向—東南　餘與前同

21、轉身右摟膝拗步：

方向—西北　餘與前同

22、右七星：

方向—西北　餘與前同

23、攬雀尾：

方向—西北　餘與前同

24、斜單鞭：

方向—西南　餘與前同

25、轉身肘底看捶：

一、釋名—肘下看守之意也

二、方向—東

三、動作—1、由上式左足不動以踵為軸右足向右前方一步双手隨之。

肘底看捶

2、左足向內收一步足踵着地同時左拳由下而上掌心向內與左耳下齊右拳由上而置于左肘之下右脚稍屈目視前方。

四、重心—1、左脚　2、右脚

五、應用—若敵以右手衝來我以左手撥敵右手轉腕上托而以右手下衝其顏。

26、左倒輦猴：

一、釋名—因猴遇人即前撲先以手引之乘其前撲一方攔手一方以手按其頭頂之意換言之即向後倒退引敵趕來隨以手乘勢襲擊之也。

二、方向—面向東往西退。

三、動作—由上式左肘隨右掌向內往右前一圓圈後右手摟右膝同時左手與左足提往後退隨即左足落地左掌前伸。

左倒輦猴

四重心—右脚

五、應用—若敵用拳擊或足踢即以前手下摟以擱之復以後手迎擊其面部

27、右倒攆猴：

惟退右腳同時左手下摟左膝右掌向前平伸餘與前同

28、左倒攆猴：

同上26

29、斜飛勢：

一、釋名—如鳥之斜展兩翼而飛也

二、方向—東北角

三、動作—由上式兩臂上下張展同時左足向左斜前一步左手往下

右倒攆猴

斜飛勢

右手往上手胸前交叉再左右上下張展目視右下方。

四重心—人右腳 又左腳

五應用—如右手與敵左手相搭即以左手上挑敵手旋即以右手向下击之。

30、提手上勢： 同前

31、白鶴亮翅： 同前

32、左摟膝拗步： 同前

33、海底針：

一、釋名—即以手向下点刺之意

二、方向—東

三、動作—由上式移体重于右足同時收左足足尖点地左手收回胸前右手向下指地右腿下屈但上体宜直立不可前傾。

四重心—右腳

海底針

五、應用—若敵用低踢襲擊我以左手摟開以右手向敵頸部點刺

34、扇通臂：

一、釋名—如扇之分張狀使脊推之力通於兩臂之謂也

二、方向—南

三、動作—由上式立身右轉左足前進一步成騎馬蹲兩臂圓屈於頭之前方掌心向外

四、重心—右脚

五、應用—若敵由正面擊來以右手撥敵之臂上提以左手擊敵之脅下。

35、撇身捶：

一、釋名—即腰部後撇使身折疊後用拳背進擊之謂也

扇通臂

撇身捶

二、方向—西

三、動作—由上式体向右轉成右弓步兩手由前下落右拳由前下轉上向前擊出同時左掌由前下往左轉上向前虎口對看右拳。

四、重心—右脚

五、應用—若敵從身後襲擊即向後轉撇身屈肘用拳背擊之

36、退步搬攔捶：

右拳與左拳由左往右繞一圈後隨即右足後退一步面仍向西以外餘同前。

37、上步攬雀尾：　同前

38、單鞭：　同前

39、左雲手：（第二）

一、釋名—雲手者手之運動如雲之回旋盤繞之意也

二、方向—南

三、動作—由上式左手自左往下向右

左雲手

目視左掌但斯時右手于右往下向左具右足亦同時靠於左足之傍

40、右雲手：

接上式右掌由左上升往右時目視右掌同時左足往左一步而左手亦於下方往右

41、左雲手：同上39、

42、右雲手：同上40、

四重心—一左一右

五應用—若敵從前面書來即一手攔開一手進書

43、單鞭：同前（以上第一段）

44、左高探馬：

一、釋名—高探馬者身体高聳向前探出 如乘馬探身向前狀之意也

右雲手

二、方向—東北角

三、動作—由上式身体半面向左轉左足前出一步左手外捥下將仰手屈肘靠近左肋同時右手自右上方用虎口向左手上面前伸。

四、重心—左脚

五、應用—若敵進裹吾胸即順左手捋敵右手裹之

15、左披身右分腿：

一、釋名—披身者于身側傾作斜披之勢分腿者用脚向左右分踢之謂也

二、方向—由東北向東南

三、動作—由上式人左臂往左上方右臂往右下方旋繞於左腋下交义□左脚独立提右脚向右前方分踢同

左高探馬

左披身右分腿

四重心—左腳

五應用—若敵用臂肘抗衡即用下纏手由內分手外挪其臂并乘勢向前分踢敵之各部

46、右高探馬：

一、釋名—見左高探馬

二、方向—東南角

三、動作—由上式右腳落地右手外挽下按，仰手屈肘靠近右肋同時左手自左上方用虎口向右手上面前伸

四、重心—右腳

五、應用—見左高探馬

47、右披身左分腿：

此勢與左披身右分腿相反行之。

右高探馬

右披身左分腿

48、轉身蹬左脚：

一、釋名—体左後轉復以左脚踵向前蹬之謂也

二、方向—北

三、動作—由上式八收左足於空中足尖下垂右足就地隨体左轉同時兩臂由外下落向懷內抱兩腕相搭作十字手式屈右足蹲身目向左視2、身体上聳兩手左右分開同時左足向左前蹬足踵用力

四、重心—右脚

五、應用—若敵由身後襲來即轉身避過來勢用脚前蹬兩手隨左右分開以妨敵之摟腿也

轉身蹬左脚

49、左摟膝拗步：　同前

50、右摟膝拗步：　同前

51 左摟膝栽捶：

一、釋名—將拳由上向下擊如栽植之狀故名。

二、方向—北

三、動作—由上式上左足屈膝右足進半步下蹲同時左手摟左膝隨即上舉至耳傍而右手由後上向前下擊頸項不可傾斜。

四、重心—1、右脚 2、左脚

五、應用—若敵向吾胸攻擊即以左手向外摟開隨以右手往下擊敵。

52、右後轉撇身捶： 惟右後轉向東餘與前同

53、上步左高探馬： 惟左足上步餘與前同

54、左披身右起脚： 右脚起踢餘與前同

55、退步打虎勢：

左摟膝栽捶

一、釋名—因來勢凶猛退似打虎故名

二、方向—面向東南身往西北退。

三、動作—由上式人右脚後退一步右手張虎口隨之後退同時左手亦張虎口向前斜伸体往下蹲目注視前方。又、左脚後退一步左手虎口隨之後退同時右手虎口向前斜伸体往下蹲目注視前方。

四、重心—人右脚 又左脚

五、應用—引敵前進乘机轉害。

56、右横腿：

一、釋名—提右脚向右横踢也。

二、方向—南

三、動作—由上式左手上伸右手移于左腋下隨即右手向右横欄與右脚向右横踢。

右横腿

打虎势

四、重心—左腿

五、應用—若敵向胸前擊來即用右手右腳向右邊畫也。

57、雙風貫耳：

一、釋名—以兩拳由側方貫畫兩耳敏捷如風故名。

二、方向—南

三、動作—由上式右足向前一步落下成右弓步同時兩拳由胸前下落往左右分開向前上方相遇屈肘覆拳約距五寸兩臂形成橢圓。

四、重心—右腳

五、應用—若敵以拳當胸畫來即以雙手分攔來勢進畫敵之雙耳

58、側身左踢腳：

一、釋名—起左腳向左側踢之故名。

二、方向—面向南　腳向東

雙風貫耳

側身左踢腳

三、動作—由上式兩拳于左右往下相合成掌時右腿微屈右掌過于頭部之前左掌向左伸直同時提左脚向左踢出。

四、重心—右脚

五、應用—若敵自左出來即蹲身攔阻敵臂隨即起足向敵踢之

59、轉身右蹬脚：

一、釋名—體右後轉換右足踵向右側蹬也

二、方向—仍向東踢

三、動作—由上式人收雙手作十字形于胸前同時將左足于空中橫繞半圓落地又左手過頭右手向右同時換提右足向右力蹬

四、重心—人右脚 又左脚

五、應用—若敵連出即變方式踢出之也

60、左七星：

61、搬攔捶：

蹬右脚

6[illegible] 如封似閉：

63、抱虎歸山：

64、左摟膝拗步：

65 轉身右摟膝拗步：

6[illegible] [illegible]

67、攬雀尾：

68. 斜單鞭：

69、右七星：

以上十式均與前同。

70、右野馬分鬃：

一、釋名—此式運動狀態如野馬奔馳兩手分展如馬之頭鬃左右分披故名。

二、方向—西南角

三、動作—由上式右足向右斜方一步同時兩手合於胸前隨即右手向右上方左手向左下方分展并轉腰與右肩上提目視左方。

四、重心—右脚

五、應用—若敵直击吾胸即伸右臂自敵腋下斜上挑擊

右野馬分鬃

71、左野馬分鬃：

一、釋名—見前

二、方向—西北角

三、動作—由上式左足上步上體隨轉

左手下横体前同時右手由上方往

左肩前再左手往上右手往下分展挺左肩目視右方

四、重心—左脚

五、應用—見前惟相反行之。

72、右野馬分鬃：　同上70、

73、右七星：右脚移左餘與前同

74、右野馬分鬃：　同前

75、左玉女穿梭：

一、釋名—此式先前進次後轉再後轉周行四隅連續不絕如織錦穿梭狀故名但須注意于轉身時腰與步相随一致其運動方向雖斜而身体姿勢仍宜中正毋欹。

左野馬分鬃

二、方向—西南角

三、動作—由上式左足向左前方出一步左手自右腋下向左前上方旋轉上体繞环反掌向外同時右手於右上方作繞小环之勢向左腋下伸掌。

四、重心—1、右脚 2、左脚

五、應用—若敵手左側畫來即用左手繞环上掤右手畫敵胸腋。

左玉女穿梭

26、轉身右玉女穿梭：

一、釋名—見前

二、方向—東南角

三、動作—由上式右脚後退一步体右後轉同時右臂往右上方繞环、反掌向外而左手于胸前作繞小环之勢向右腋下一掌。

左玉女穿梭

四、重心—1、左脚 2、右脚

五、應用—因敵手右後畫來即轉身用右手繞環上掤左手畫敵胸腋。

77、右七星：方向—東南角餘同前
78、右野馬分鬃：方向—東南角餘同前
79、左玉女穿梭：方向—東北角餘同前
80、轉身右玉女穿梭：方向—西北角餘同前
81、右七星：同前 向西
82、攬雀尾：同前 向西

83、單鞭：同前 向東
84、左雲手：（第二）
85、右雲手：
86、左雲手：
87、右雲手：
88、單鞭：

以上均同前向南（以上第二段）

89、下勢：

一、釋名—即擬敵往下或避敵將己身下降之意也

二、方向—由東往西下

三、動作—由上式右手至左臂前往右下後拉同時右腳移右下蹲伸左腳伏地左手伸掌前指但蹲身時脊柱須正直不可前傾

下勢

[illegible]胯腰俯身之起落務須一致

四、重心—右腳

五、應用—若敵以雙手捶吾臂或前撲吾身不能抵抗時則用此式坐身柔避變化敵力令其落空并乘勢前擊

90、左金雞獨立：

一、釋名—即左足獨立右足提起手臂上揚作展翅勢狀如金雞也。

二、方向—東

三、動作—由前下勢上体起立右手由後向前上舉反掌向外同時右腿屈膝上提左腿直立左臂下垂掌心向內指尖向右足左側。

左金雞獨立

四、重心—左腳

五、應用—若以掌還擊敵胸而敵以手攔格應即用手向上挑開敵手以右膝衝敵小腹或踢下部并另以一手進擊之

91、右金雞獨立：

一、釋名—見前

二、方向—東

三、動作—由上式右足下落左手左足上提如上法行之右臂下垂指尖指左足右側。

四、重心—右脚

五、應用—見前

右金雞獨立

92、左倒輦猴：

93、右倒輦猴：

94、左倒輦猴：

95、斜飛勢：

96、提手上勢：

97、白鶴亮翅：

98、左摟膝抝步：

99、海底針：

100、扇通臂：

101、撇身捶：

102、上步搬攔捶：

103、上步攬雀尾：

104、單鞭：

105、左雲手：（第三）

10、右雲手：
107、左雲手：
108、右雲手：
109、單鞭：
110、左高探馬：

以上均與前同

111、左撲面掌：

一、釋名－即用左手撲盡敵面之意也。

二、方向－東

三、動作－由上式左腳後收隨即前進一步同時左手內收右手外出互相易位并轉左掌向前一盡。

四、重心－八右腳　二左腳

五、應用－若敵進攻太近或被逼過甚即用此式還盡

左撲面掌

112、轉身單手攦連：

一、釋名－轉身蓄勢向傍踢攦加用單手之謂也。

二、方向—南

三、動作—由上式左足踵為軸体向右轉左手上舉右手仍靠胸前同時提右脚至左腋前上方左手拍右足面往左而右脚向右擺踢半圈着地。

四、重心—左脚

五、應用—若敵由後襲擊即轉身以手格欄來勢以足之側面踢之

113、右摟膝拗步：同前

114、左摟膝指襠捶：

一、釋名—於摟膝後乘勢用拳進擊敵襠故名。

二、方向—西

三、動作—惟右拳向前斜下伸餘同前

四、重心—左脚

單手擺連

指襠捶

五、應用—若敵以左右手足連擊下部，應即以左右手格擱來勢，進擊敵之下部也。

115、上步攬雀尾：

116 單鞭：

117、下勢：

118、上步右七星：

以上均同前

119、退步騎虎：

一、釋名—兩手分張作鈎掌，兩腿蹲屈，一足立地，一足点地，故名騎虎。

二、方向—南

三、動作—由上式右足退後半步，同時變手下落，体向右轉，左足尖点右足前，成子午步，右掌向上伸展，左掌向下斜摟。

退步騎虎

四、重心—右脚

五、應用—若敵以手下壓或外摟與前踢，即轉体以左手下摟敵手或敵足，再以右手推敵之胸或肩等處。

121.122 轉身撲面掌：方向—西 餘同前

轉身雙手擺連：

一、釋名—見前

二、方向—北

三、動作—由上式體向右轉起右足由左向右擺踢同時右臂置左腋下左臂於撲面後反掌上舉時雙手由右向左連拍右足背往左伸展此時右足落於左足之側。

雙手擺連

四、重心—左腳

五、應用—若敵自左側衝來即轉身向右誘敵追襲即起右足從傍踢敵之脇部并以雙手擲衝之。

122 彎弓射虎：

一、釋名—此式取人在馬上彎弓下射之意故名。

二、方向—東

三、動作—由上式右足於右前方着地身向左傾屈雙臂作拳由左下方繞至右上方再向左屈臂伸拳拳心向外右上左下相對雙目前視勢如握弓

四、重心—左脚

五、應用—若敵按我之右臂即隨其動作之半圓形採化其力乘其力懈而進擊之

彎弓射虎

123、左高探馬：方向—東北 餘與前同

124、左撲面掌：方向—東 餘同前

125、撇身捶：方向—西 餘同前

126、左高探馬：方向—西南 餘與前同

127、右七星：方向—西 餘同前

128、攬雀尾：方向—西 餘同前

129、單鞭：方向—東 餘同前

130、合太極：

一、釋名—此為太極拳路練畢還原之意也。

合太極圖49

二、方向—南

三、動作—由上式左足靠攏雙手往上吸氣(如圖49)放下呼氣再往上行一次、復正立之勢(如圖50)

50 圖

伍—太極拳(二)各勢名稱(共計一百五十手)

1、太極起勢
2、右七星
3、左七星
4、攬雀尾
5、擠手
6、按手(二次)
7、單鞭
8、右琵琶式
9、提手上勢
10、白鶴亮翅
11、左摟膝拗步
12、左琵琶勢
13、左摟膝拗步
14、右摟膝拗步
15、右琵琶勢
16、右摟膝拗步
17、左摟膝拗步
18、撇身捶
19、搬攔捶
20、如封似閉
21、按手(二次)
22、十字手
23、轉右摟膝拗步
24、右琵琶勢
25、攬雀尾
26、擠手
27、按手(二次)
28、斜單鞭
29、轉肘底看捶
30、左倒攆猴
31、右倒攆猴
32、左倒攆猴

33、斜飛勢
34、右琵琶勢
35、提手上勢
36、白鶴亮翅
37、左摟膝拗步
38、海底針
39、扇通臂
40、撇身捶
41、上步搬攔捶
42、上步攬雀尾
43、攬手
44、接手（三次）
45、單鞭
46、左拉手
47、右拉手
48、左拉手
49、右拉手
50、單鞭
51、高探馬
52、左披身
53、右分腿
54、右披身
55、左分腿
56、轉蹬左脚
57、左摟膝拗步
58、右摟膝拗步
59、左摟膝栽捶
60 翻白蛇吐信
61、左起脚
62、右起脚
63、左打虎勢
64、右打虎勢
65、左抱虎歸山
66、右勾脚
67、右橫腿
68、雙風貫耳
69、右抱虎歸山
70、左刁脚
71、左插腿
72、蹬右脚
73、撇身捶
74、上步搬攔捶
75、如封似閉
76、[illegible]
77、[illegible]十字手
78、斜右摟膝拗
79、右琵琶勢
80、攬雀尾
81、攬手
82、[illegible]手一方
83、橫單鞭
84、右野馬分鬃
85、左野馬分鬃
86、右野馬分鬃
87、左七星
88、攬雀尾

89、擠手
90、按手（二次）
91、單鞭
92、右七星
93、左玉女穿梭
94、右玉女穿梭
95、左玉女穿梭
96、右玉女穿梭
97、左七星
98、攬雀尾
99、擠手
100、按手（二次）
101、單鞭
102、左摟手

103、右摟手
104、左摟手
105、右摟手
106、單鞭
107、下勢
108、左金雞独立
109、右金雞独立
110、左倒輦猴
111、右倒輦猴
112、左倒輦猴
113、斜飛勢
114、右琵琶勢
115、提手上勢
116、白鶴亮翅

117、左摟膝拗步
118、海底針
119、扇通臂
120、撇身捶
121、上步搬攔捶
122、上步攬雀尾
123、擠手
124、按手（二次）
125、單鞭
126、左摟手
127、右摟手
128、左摟手
129、右摟手
130、單鞭

131、高探馬
132、單擺蓮
133、十字腿
134、指襠捶
135、攬雀尾
136、擠手
137、按手（二次）
138、單鞭
139、下勢
140、上步七星
141、退步跨虎
142、轉身双擺蓮
143、彎弓射虎
144、撲面掌

145、撇身捶
146、上步搬攔捶
147、如封似閉
148、按手（三次）
149、十字手
150、合太極（以上第三段）

陸——太極拳（二）各勢詳解

1、太極起勢：

一、方向—正南

二、動作—雙足正立與肩等寬手由前往上平舉掌心向下至與肩平稍往上收下落同時屈膝下蹲目視前方。

三、重心—1、平行　2、左脚

起勢圖

2、右七星：

一、方向—西北

二、動作—右足尖稍向外上體畧向右轉左手往右下移右手半圓在上手心上下相對雙手抱太極如七字形再往右移左脚向左前方一大步。

右七星

三、重心——1、左脚　2、右脚

3、左七星：

一、方向——東南

二、動作——右手往右下伸、左手半圓往左上移，轉体向左，右手往左下移，雙手抱太極如七字形，同時右脚稍向前移。

三、重心——左脚

4、攪雀尾：

一、方向——西

二、動作——右手往右上方伸發（掤手），左手隨之成右弓步，雙手反掌往左下方拖至左腋之下。（擴手）

三、重心——1、右脚　2、左脚

5、擠手：

左七星

攬雀尾

一、方向—西

二、動作—右手半圓左手虎口向右脈膊處往右前上方擠去成右弓步變掌平行掌心向下稍往上收回至体往後下坐。

三、重心—1、右腳 2、左腳

6、按手：（二次）

一、方向—西

二、動作—雙手與上体畧蹲向前下按成右弓步又如上法收回至後下坐再向前下按成右弓步。

三、重心—1、右腳 2、左腳 3、右腳

7、單鞭：

一、方向—東

擠手

按手

二、動作—雙手平舉手心向下往左後移右足尖內移左手下垂往右右手半圓往右移轉至右極端右手五指下垂作勾狀與右腳後跟成垂直左腳提向左後半步腳尖向前左手上升至右肩處目視左掌由右往左在未伸直之前反掌向外虎口向上双目由虎口看過而左肘左膝左足尖三点應在一垂直線上。

單鞭

三、重心—1、右腳 2、左腳 3、右腳 4、左腳

體重：在左腳佔三分之二、在右腳佔三分之一。

8、右琵琶勢：

一、方向—南

二、動作—左足尖往內移右足上前一步雙手相合如抱琵琶狀右手在前左手在後手指向上。

右琵琶勢

三、重心—左腳

9、提手上勢：

一、方向—東

二、動作—右足上前半步足尖內移上体下彎右臂下垂左足內移足尖點地左掌靠近右肩右手上提左手下劫掌心向下。

三、重心—1、左腳 2、右腳

10、白鶴亮翅：

一、方向—東

二、動作—右腕內轉反掌向上左掌向內旋轉一週靠近左膝手心向下同時上体與肩部放鬆左右旋轉以示亮翅之意。

三、重心—右腳

11、左摟膝拗步：

提手上勢

白鶴亮翅

一、方向—東
二、動作—右掌旋轉向內隨即往右後下移左手由左提上往右手心上下相對合抱太極稍右下移同時左足上前半步左手往下橫摟左膝右掌由右耳旁向前平伸。
三、重心—1、右脚　2、左脚

12、左琵琶勢：
一、方向—東
二、動作—右足後提仍落原處左足後退、以踵着地左手在前右手在後相合如抱琵琶狀
三、重心—右脚

13、左摟膝拘步：
一、方向—東

左摟膝拘步

左琵琶勢

二、動作—雙手抱太極往右後下移左足上前半步左手横摟左膝右掌向前平伸

三、重心—1.右脚 2.左脚

14. 右摟膝拗步：

一、方向—東

二、動作—右手上左手下抱太極往左後下移右足上步右手横摟右膝左掌由左耳下向前平伸

三、重心—1.左脚 2.右脚

右摟膝拗步

15. 右琵琶勢：

一、方向—東

二、動作—左足後提仍落原地右足收回半步以踵着地雙手相合如抱琵琶狀

三、重心—1.右脚 2.左脚

16. 右摟膝拗步：右足前出半步餘同14.

17、左摟膝拗步：　同上13、

18、撇身捶：

一、方向—東

二、動作—右手握拳於左側翻拳向前
右腳上步同時左掌前伸

三、重心—1、左腳　2、右腳

19、搬攔捶：

一、方向—東

二、動作—左腳上步右捶前伸左手收
回近右脈膊處。

三、重心—左腳

20、如封似閉：

一、方向—東

二、動作—右臂稍上左掌插過右腋下移向前方

雙掌掌心向上往後拉時体重後移

三、重心—1、左脚 2、右脚

21、按手：（二次）同上6、惟左脚在前

22、第一十字手：

一、方向—南

二、動作—雙掌向外撑于頭之前上方十指相接作拱形轉体向右雙手至前上方正面時左右分開上体下蹲双手由下往上抱同時右足收攏并步左内右外成十字手正立。

三、重心—1、左脚 2、右脚 3、左脚

以上第一段1至22、共廿二手

第一十字手

23、轉身右摟膝拗步：

一、方向—西北

二、動作—體右後轉右脚前出一步右手摟膝左掌前伸

三、重心—右脚

24.右琵琶勢：同上15.

25.攬雀尾：同上4.

26.擠手：同上5.

27.按手：(表) 同上6.

28.斜單鞭：同上7.向左後方東南。

29.轉肘底看捶：

一、方向—東

二、動作—体向左轉左脚於地上拖一半圓形左手隨之收回于上方右捶移於左肘下左踵稍收着地。

三、重心—右脚

30.左倒攆猴：

一、方向—往西退

二、動作—左手前伸手心向上右手後伸目往後視手心向下略為上下擺動左脚上提後退同時左手後收右掌前伸上體下蹲。

肘底看捶

左倒攆猴

三重心—右脚

31、右倒撵猴：

一、方向—往西退

二、動作—同上相反行之

三、重心—左脚

32、左倒撵猴：

一、方向—往西退

二、動作—同上30惟至末右手往下左手往上成交叉式。

三、重心—右脚

33、斜飛勢：

一、方向—西南

二、動作—体向右轉右脚往右一步右手由外往上、左手由内往下同時右肩上挺目視左上方

三、重心—1、左脚 2、右脚

右倒撵猴

斜飛勢

34、右琵琶勢：

一、方向—南

二、動作—左足後提仍落原地双手收回上体右旋右脚前伸坐於左脚餘與上同。

三、重心—左脚、

35、提手上勢：同上9、

36、白鶴亮翅：同上10

37、左摟膝拗步：同上11、

38、海底針：

一、方向—東

二、動作—右脚稍提後退左脚收回脚尖点地上体下蹲略向前屈右手指地(如摔挾狀)左掌豎於前方目向前視。

三、重心—右脚

39、扇通臂：

一方向—南

海底針

二、動作—體上升往右轉左足前出半步右掌遮於頭之前上方掌心向外左掌向左伸直成左弓步目向左視。

三、重心—左腳

40、撇身捶：惟右後轉 餘同18、

41、上步搬攔捶：同上19、

42、上步攬雀尾：同上4、

43、擠手：同上5、

44、按手：（三次）同上6、

45、單鞭：同上7、

46、左抎手：

一、方向—面南往東

二、動作—右手往後繞小環轉体向右同時左手由下方至右肩前向左橫過目視左掌同時右手由下往左右腳扣攏雙腳屈膝向左橫進上体正直但中軀需左右旋轉。

扇通臂

左抎手

三、重心——1、左脚　2、右脚

47、右拡手：

一、方向——面南往東

二、動作——右掌往右目視掌心同時左手由下往右左脚往左一步。

三、重心——1、右脚　2、左脚

48、左拡手：　同上46、

49、右拡手：　同上47、

—50 單鞭：　同上7、

以上第二段23至50共廿八手

51、高探馬：

一、方向——東

二、動作——上体左轉左脚收回半步脚尖着地同時右掌由右前伸左掌收回左側手心向上。

右拡手

高探馬

三、重心——右脚

52、左披身：

一、方向——東

二、動作——雙手順勢向右方伸展左脚

往左一大步、双手向左下方一拉双

手心向下成十字形、左上右下右足收攏、脚尖点、地体往上升

三、重心——1、右脚 2、左脚、

53、右分腿：

一、方向——東

二、動作——右脚上提向右分開同時右

手向右伸直左手遮於頭之左上方

隨即右脚由空中收攏足尖向下右

手下左手上合抱太極於左方。

三、重心——左脚

左披身

右分腿

54、右披身：

一、方向—東

二、動作—右脚向右一大步上体隨之下落双手由左下往右一拉右上左下成十字形左脚收擺足尖点地体往上升。

三、重心—八左脚 2右脚

55、左分腿：

一、方向—東

二、動作—如上53、相反行之惟左脚由空中收回時成十字手

三、重心—右脚

56、轉身蹬左脚：

一、方向—西

右披身

左分腿

二、動作—由右腳獨立左轉蹬左腳向左平直足尖向上右手舉於頭之前上方左手向左腳前伸。

三、重心—右腳

57、左摟膝拗步：同前

58、右摟膝拗步：同前

59、左摟膝栽捶：

一、方向—西

二、動作—上左腳右捶由右側向前下栽左手摟膝後豎掌于右耳之旁目視前方

三、重心—左腳

60、轉身白蛇吐信：

一、方向—東

二、動作—體上升右後轉右手伸食中二指靠

轉身蹬左腳

左摟膝栽捶

白蛇吐信

於右側以示蛇舌左掌前伸

三、重心—左脚

61、左起脚：

一、方向—東

二、動作—左脚向前上踢左手伸盡足背左足尖向外横落地右手捧於左手下体略向左轉

三、重心—右脚

62、右起脚：

一、方向—東

二、動作—右脚向前上踢双手由交义左右分開右手伸盡足背左手由左下方往右右脚落地双手仍向右前上方伸直

三、重心—左脚

左起脚

右起脚

63、左打虎勢

一、方向—東

二、動作—体重移於右腳，左腳後退一步，

雙手往左下方拉，坐于左腳，右腳前平

伸直。同時左拳懸於頭之前上方，右拳

置于左腹之下，左拳心向上，右拳心向下，目視右前方

三、重心—1、右腳 2、左腳

64、右打虎勢：

一、方向—東

二、動作—右腳向右移一大步，体往右方

下坐，左腳平伸左方。同時右拳懸于頭

之前上方，左拳置於右腹之下，目視左

前方。

三、重心—1、左腳 2、右腳

左打虎勢

右打虎勢

65 左抱虎歸山：

一、方向—東

二、動作—左拳往上與右拳相接作拱形蹲身左轉兩手分開時右脚扣攏同時体往上升雙手往前上抱成十字手右足尖点地。

三、重心—左脚

66 右勾脚：

一、方向—東北

二、動作—雙手左右分開右脚於右前上方一勾（不落地）

三、重心—左脚

67、右横腿：

一、方向—東南

左抱虎歸山

右勾脚

二、動作—雙手作拱形手前上方右腿於空中向右橫過前方落地於、東南角上。

三、重心—左脚

68、雙風貫耳：

一、方向—東南

二、動作—雙手前下握拳由兩側向前上方盡敵人双耳之旁成右弓步。

三、重心—右脚

69、右抱虎歸山：

一、方向—南

二、動作—雙手左右分開上体下蹲右脚上步與左脚平立同時体往上升雙手往前上抱成十字手左

右橫腿

雙風貫耳

右抱虎歸山

足尖点地

三、重心—左脚

70、左勾脚：

一、方向—南

二、動作—雙手左右分開左脚於左前上方一勾。(不落地)

三、重心—右脚

左勾脚

71、左横腿：

一、方向—西南

二、動作—雙手抱十字手於胸前左脚於空中向右横過前方体往右後轉左脚落地右脚上一步足尖点地。

三、重心—右脚

72、蹬右脚：

一、方向—東北

二、動作：雙手分開左手遮於頭之左上方右手前伸同時踏右腳向右平伸隨即收回屈膝空中雙手抱太極於左後方右手握拳於左腋下左手成半圓狀於頭之左前上方。

三、重心—左腳

踏右腳

73、撇身捶：同上18、

74、上步搬攔捶：同上19、

75、如封似閉：同上20、

76、按手：（三次）同上21、

77、第二十字手：同上22、

以上第三段51至77共廿七手

78、轉身右摟膝拗步：同上23、

79、右琵琶勢：同上24、

80、攬雀尾：同上25、

81、擠手：同上26、

82、按手：（三次）同上27

83、橫單鞭：同上28、惟至右手作勾狀時左腳向前進半步其餘皆同。

84、右野馬分鬃：

一、方向—西

二、動作—右掌由下往左左手由上往右胸前右腳上前半步同時右上左下分展右肩隨之上挺目視左下方。

三、重心—1、左腳　2、右腳

85 左野馬分鬃：

一、方向—西

二、動作—左腳上前半步左手由下往右右手由上往左胸前同時雙手與左肩往左展挺目視右下方。

三、重心—1、右腳　2、左腳

86、右野馬分鬃：同上84、

87、左七星：

右野馬分鬃

左野馬分鬃

一、方向—西

二、動作—左足同時上進右手由下往左與左手抱太極右脚上前一步。

三、重心—1、右脚 2、左脚

88、攬雀尾：同上4、

89、擠手：同上5、

90、按手：(二次)同上6、

91、單鞭：同上7、

92、右七星：

一、方向—西

二、動作—左足尖向右移右足往左半步成丁字形同時變手右上左下於右方抱太極

三、重心—1、左脚 2、右脚

93、左玉女穿梭：

一、方向—西南角

二、動作—左足向東北角上一步左手手心向上往左上方繞一圈再反掌

左玉女穿梭

向左外上方擋出右掌隨之進行向左手半圓下一掌。

三、重心—人右脚 又、左脚

96、右玉女穿梭：

一、方向—東南角

二、動作—体右後轉右脚往右後一大步同時右手反掌掌心向上往右上方繞一圈再反掌向右外上方擋出左掌隨之進行向右手半圓下一掌。

三、重心—人左脚 又右脚

95 左玉女穿梭：同上93、東北角

—96 右玉女穿梭：同上94、西北角

右玉女穿梭

97 左七星：

一、方向—西

二、動作—左足手同時上進右手由下往左與左手抱太極右脚上前一步

三、重心—人右脚 又、左脚

98、攬雀尾：同上4、

99、擠手：同上5、

100、按手：（三次）同上6、

101 單鞭：同上7、

102、左抎手：同上46、

以上第四段78至106共廿九手

103 右抎手：同上47、

104 左抎手：同上48

105 右抎手：同上49、

106 單鞭：同上50、

107、下勢：

一、方向—東

二、動作—由單鞭右手往前方右腳往後退半步再右手往後下拉伸直上体盡量下蹲左手撐於前方。

三、重心—人左腳　ㄗ右腳

108、左金雞獨立：

一、向方—東

下勢

二、動作—由下勢体往前上升左脚独立，伸膝右脚上提屈膝（略帶向前踢意）同時右掌指向上肘尖靠近右膝（或上升）左掌下伸靠於左腿之旁上体正直。

三、重心—左脚

109、右金雞獨立：

一、方向—東

二、動作—右脚向前落地直立右掌靠近右腿同時左膝上提（畧帶向前踢意）左掌向上肘尖靠於右膝之上（或上升）上体正直

三、重心—右脚

110、左倒攆猴：同上30、

111、右倒攆猴：同上31、

112、左倒攆猴：同上32、

113、斜飛勢：同上33、

左金雞獨立

右金雞獨立

114、右琵琶勢：同上34、

115、提手上勢：同上35、

116、白鶴亮翅：同上36、

117、左摟膝拗步：同上37、

118、海底針：同上38、

119、扇通臂：同上39、

120、撇身捶：同上40、

121、上步搬攔捶：同上41、

122、上步攬雀尾：同上42、

123、擠手：同上43、

124、按手：(二次)同上44、

125、單鞭：同上45、

126、左紜手：同上46、

127、右紜手：同上47、

128、左紜手：同上48、

129、右紜手：同上49、

130 單鞭：同上50、

以上第五段107至130共廿四手。

131、高探馬：

一、方向—東

二、動作—同上51、惟双手收回胸前時右手移于左腋之下左掌掌心向上於右手之上向前鏟出同時左脚向前一步成左弓步。

三、重心—1、右脚 2、左脚

132、單擺蓮：

一、方向—體向北目向西

二、動作—体往右後轉右脚往左上方一踢左手由右畫右脚之背右足橫落地上。

三、重心—1、左脚 2、右脚。

133、十字腿：

一、方向—北

二、動作—体往右旋轉下坐左脚後屈右脚前蹲左掌在胸前右拳靠近右腿之上成十字腿

三、重心—右脚

134、指襠捶：

單擺蓮

十字腿

一、方向—西
二、動作—体上升左脚上前一步左掌向前往下摟右拳由右側向前下出成左弓步。
三、重心—1、右脚 2、左脚。

135、攬雀尾：
右手由下往左與左手抱太極右脚上前一步餘同上4、

136、擠手：同上5、

137、按手：(三次)同上6、

138、單鞭：同上7、

139、下勢：同上107、

140、上步七星：
一、方向—東
二、動作—右脚上前一步左手在内右手在外手心向前交叉成十字拳体坐於左脚。
三、重心—左脚

指襠捶

上步七星

141、退步跨虎：

一、方向—東

二、動作—退右脚下蹲左脚前伸同時右拳于右耳之上作半圓狀左拳於左腿之旁下伸

三、重心—1、左脚 2、右脚

退步跨虎

142、轉身雙擺蓮：

一、方向—東

二、動作—以右踵為軸左脚稍提雙手順勢將全体往右後旋轉一週左脚落地左手上舉右手置於左腋之下隨即右脚往左上方一踢双手由左往右上方再往左方先後分拍右脚之背(先左後右)右脚下落原地。

三、重心—1、右脚 2、左脚

雙擺蓮

143、彎弓射虎：

一、方向—東北

二、動作—臂部往右下坐双拳由右往左前方横出同時上体向左彎曲左脚斜平置于左下方目視双拳之前方頗似彎身射虎之狀。

三、重心—右脚

144、撲面掌：

一、方向—東

二、動作—右拳由上收回靠近胸部左手反掌向前方撲面同時左脚上前一步。

三、重心—1、左脚 2、右脚 3、左脚

145、撇身捶：

彎弓射虎

撲面掌

一、方向—東
二、動作—右手握拳於左側翻拳向前右腳上前一步同時左掌前伸
三、重心—1、左腳 2、右腳

146、上步搬攔捶：同上19、

147、如封似閉：同上20、

148、按手：（三次）同上21、

149、第三十字手：同上22、

150、合太極：

一、方向—南
二、動作—由十字手往下呼氣再往左右繞圈上吸下呼二次。
三、重心—1、左腳 2、平行

以上第六段131至150共廿手。

合太極

柒—太極劍各式名稱（共五十三手）

1. 三環套月
2. 魁星式
3. 燕子抄水
4. 左右攔掃
5. 小魁星
6. 燕子入巢
7. 靈貓捕鼠
8. 鳳凰抬頭
9. 黃蜂入洞
10. 鳳凰展翅
11. 小魁星
12. 鳳凰左展翅
13. 釣魚式
14. 龍行式
15. 懷中抱月
16. 宿鳥投林
17. 烏龍擺尾
18. 青龍出水
19. 風捲荷葉
20. 獅子搖頭
21. 虎抱頭
22. 野馬跳澗
23. 勒馬式
24. 指南針
25. 迎風撣塵
26. 順水推舟
27. 流星趕月
28. 天馬飛瀑
29. 挑簾式
30. 左右車輪
31. 燕子啣泥
32. 大鵬展翅
33. 海底撈月
34. 懷中抱月
35. 夜叉探海
36. 犀牛望月
37. 射雁式
38. 青龍現爪
39. 鳳凰雙展翅
40. 左右跨籃
41. 射雁式
42. 白猿獻果
43. 落花式
44. 玉女穿梭
45. 白虎攪尾
46. 虎抱頭
47. 魚跳龍門
48. 烏龍絞柱
49. 仙人指路
50. 朝天一柱香
51. 風掃梅花
52. 抱笏式
53. 合太極

捌——太極劍各勢詳解

A 三環套月：

一、方向——面南而立旋轉向東

二、動作——預備由正立姿勢左手持劍柄食中二指伸直下垂手背向前劍身靠近左臂之後劍尖向上。

(1)左手向後側前繞一小環右足尖內移體向左轉左足前出一步同時右手食中二指向前指出成左弓步（如圖一）

(2)右足向前一步同時左右二掌

預備姿勢

三環套月（圖一）

由外往下繞環至二小指邊相合左膝稍屈上体下蹲（如圖二）

(3)左足向前一步体向右轉同時兩手由下側前手心相合右手接握劍柄成騎馬蹲（如圖三）

三、重心—1、右腳 2、左腳 3、右腳

三環套月（圖二）

2、魁星式：

一、方向—胸向南，目向東

二、動作—右手持劍向右一劈橫斜於頭之前上方手心向外同時左手向左伸直食中二指豎立右腳獨立左腳屈懸於体之左下方。

三環套月（圖三）

魁星式

三、重心—右脚

3、燕子抄水：

一、方向—東南

二、動作—左脚下地，劍往右下向左一抄体重移左左手移直左側

三、重心—左脚

燕子抄水

4、左右攔掃：

一、方向—東南角

二、動作—右脚往右上方一步劍尖由左往右一掃左脚往左上方一步劍尖由右往左一掃。

三、重心—八右脚又左脚

左右攔掃

5、小魁星：

一、方向—西北角

二、動作—右脚再上一步獨立劍向左懸于頭之前上方同時体左轉左脚屈懸於体之左下方左手食中二指靠近劍尖下方眼往左視。

三、重心—右脚

6、燕子入巢：

一、方向—西北角

二、動作—左脚下地雙手向前伸直劍向西北角一刺

三、重心—左脚

燕子入巢

小魁星

7、靈貓捕鼠：

一、方向—西北角

二、動作—雙手將劍一收右膝上提上体前傾右腳落地一抵左腳一跳落地後右腳遞進一步劍向前下方一刺。

三、重心—右腳

灵貓捕鼠

鳳凰抬頭

8、鳳凰抬頭：

一、方向——西北

二、動作—右手持柄向下按劍尖上挑同時左手食中二指懸于左耳之上。

三、重心—左腳

9、黄蜂入洞：

一、方向—西北

二、動作—左脚為軸体往左後轉一週右足移于左足之後着地双手持劍向原處一刺成左弓步。

三、重心—1.左脚 2.右脚 3.左脚

黄蜂入洞

10、鳳凰右展翅：

一、方向—胸向東北劍向東南

二、動作—体往後右轉劍往右前上方一展左手仍直身後成右弓步。

三、重心—1.右脚

鳳凰展翅

11、小魁星：

一、方向—面與劍尖向西北

二、動作—左脚與劍同作收回之勢右脚再前出落地劍懸於頭之右上方左脚懸於体之左下方左手指近劍尖下方

三、重心—右脚

小魁星

12、鳳凰左展翅：

一、方向—東

二、動作—右脚落地左手指近左耳之旁右足尖点地右手向外一轉劍尖向下方一刺

三、重心—右脚

鳳凰左展翅

13、釣魚式：

一、方向—正東

二、動作—劍尖由右向左一圈向前下垂右足尖点地左手指近柄處雙掌向上目注劍尖作釣魚狀。

三、重心—左腳

釣魚式

14、龍行式：

一、方向—正東

二、動作—右腳一提稍右着地劍柄抽右、左腳前進一步、劍柄抽左、右足前進一步劍柄抽右劍尖均向前刺。

三、重心：1.右腳 2.左腳

龍行式

15.懷中抱月：

一、方向—東

二、動作—右脚收回半步脚尖点地劍尖向上雙手由兩側合攏上体下坐左膝稍屈目視上方

三、重心—左脚

16.宿鳥投林：

一、方向—東北

二、動作—右脚前出半步雙手持劍斜上舉一刺左脚屈懸於体後。

三、重心—右脚

17.烏龍擺尾：

一、方向—胸向北面向東

二、動作—左脚後退落地右脚收回

懷中抱月　宿鳥投林　烏龍擺尾

半步脚尖点地收剑由左往右下一劈左手側舉耳旁。

三、重心—左脚

18、青龍出水：

一、方向—東

二、動作—劍尖由右下方向左一挑手心向上同時左脚向前一步雙手向前伸直一刺。

三、重心—左脚

19、風捲荷葉：

一、方向—西

二、動作—右手何外体往右後轉劍橫手於左臂之前左脚仍在身後。

三、重心—左脚

青龍出水

風捲荷葉

獅子搖頭

20 獅子搖頭：

一、方向—面西退東

二、動作—右脚後退，劍柄往左，左脚後退劍柄往右

三、重心—1左脚 2、右脚。

抱虎頭

21、虎抱頭：

一、方向—正西

二、動作—雙手由兩側合於右腿上提之上。

三、重心—左脚

22、野馬跳澗：

一、方向—西

二、動作—上体前傾右脚下地一抵左脚向前一步右脚再向前一步雙手伸直向前一刺。

三、重心—1、右脚 2、左脚 3右脚

野馬跳澗

23、勒馬式

一、方向—東

二、動作—体往左後轉將劍伸長隨之橫掃左脚收攏。

三、重心—右脚

勒馬式

24、指南針：

一、方向—正東

二、動作—左脚向前一步右脚靠攏双手伸直向前一刺

三、重心—左脚

25、迎風飛塵：

一、方向—東

二、動作—(1)左脚前出同時雙手收劍於右隨即向前一刺。(2)右脚前出同時雙手收劍於左隨即向前一刺。(3)同(1)行之。

三、重心—1、左脚 2、右脚 3、左脚

指南針

迎風飛塵

26、顺水推舟：

一、方向——胸向南南向東

二、動作——左脚收回下蹲劍尖下垂左手指與劍竪立左脚向左一步双手將劍向左一推

三、重心——八右脚 2 左脚

顺水推舟

流星赶月

27、流星赶月：

一、方向——西

二、動作——体往右後轉成右弓步劍由頭上向前下方一劈左手伸直於後方。

三、重心——右脚

28、天馬飛跪：

一、方向—胸向南面向西

二、動作—右手放鬆劍由右往左下繞圈一劈同時左手由上往下一圈靠耳傍左腳向左前方一步右腳移於左腳之前腳尖点地

三、重心—人右腳 又左腳

天馬飛跪

29、挑簾式：

一、方向—西

二、動作—劍尖由右下往左繞半圈於前上方右踵点地腳尖向上体稍下灣。

三、重心—左腳

挑簾式

30、左右車輪

一、方向—西

二、動作—(1)劍柄由左向上仍由左往下同時左腿上提左手二指近劍上指(2)左脚落地同時劍與双手往左下後繞(3)右脚向前一步劍往上前下繞(4)左脚向前一步劍由左後上繞至右下後。

三、重心1.人右脚 2.左脚 3.右脚

左右車輪

31、燕子啣坭：

一、方向—西

二、動作—劍往上向前下点刺同時右脚向前半步脚尖点地

三、重心—左脚

燕子啣坭

32、大鵬展翅：

一、方向—東北

二、動作—体右後轉右脚向右後一大步劍向右上方一展左手後伸

三、重心—右脚

大鵬展翅

33、海底撈月：

一、方向—由東北至西南

二、動作—上体下彎右脚與劍向左下後地上橫掃半圈（如砍鷰脚式）右脚落於左脚之前。

三、重心—左脚

34、懷中抱月：

一、方向—西南

二、動作—右脚收回半步脚尖点地劍尖向上双手由側合攏体略下蹲

三、重心—左脚

懷中抱月

35、夜叉探海

一、方向—胸向南劍向西

二、動作—右脚立地劍尖向下左脚後隱左手近耳手心向外。

三、重心—右脚

夜叉探海

36、犀牛望月：

一方向—往東看西

二、動作—体左後轉左脚落地成左弓步劍柄向前平置于右肩上目往後注視劍尖左手二指靠近劍柄

三重心—左脚

犀牛望月

37、射雁式：

一、方向—東南

二動作—右脚上前一步脚尖着地劍向右脚旁一劈左膝稍屈左手二指置左眼之前

三、重心—左脚

射雁式

38、青龍現爪：

一、方向—東南角

二、動作—左脚上前一步右脚後提雙手持劍向東南角上刺。

三、重心—左脚

青龍現爪

39、鳳凰雙展翅：

一、方向—西北

二、動作—体向右轉右脚往右後一大步劍往右下後上大展左手向後伸直成大右弓步

三、重心—右脚

鳳凰雙展翅

40、左右挎藍：

一、方向—由西北至西南再至西北

二、動作—左脚向左一步劍柄向左與肘平行右脚一提於原地成右弓步劍往右橫劈左手指近劍旁。

三、重心—1、左脚 2、右脚

左右挎籃

41、射雁式

一、方向—西北

二、動作—左脚置右脚前脚尖着地右膝稍屈劍往下劈左手二指近左眼前方。

三、重心—右脚

射雁式

白猿獻果

42、白猿獻果：

一、方向—西北

二、動作—雙手將劍向上一刺右脚和攏

三、重心—左脚

落花式

43、落花式：

一、方向—胸向西往東退

二、動作—右脚後退一步劍往右收

左脚後退一步劍往左收。

三、重心—1.右脚 2.左脚

44、玉女穿梭：

一、方向——劍尖向南

二、動作——右脚再後退一步劍往右撩較大隨即往左下方一刺同時左手屈臂懸於頭之左前上方手心向外

三、重心——六右脚 四左脚

玉女穿梭

45、白虎攪尾

一、方向——西南

二、動作——劍豎立於右側之前左手二指由劍柄處往前一指。

三、重心——右脚

46、虎抱頭：
一、方向－西
二、動作－雙手由左右合於右腿上
提之上。
三、重心－左腳

抱虎頭

47、魚跳龍門：
一、方向－正西
二、動作－上体向前傾右腳前下地
一抵左腳向前一步右腳再向前
一步双手伸直向前高刺。
三、重心－1、右腳 2、左腳 3、右腳

魚跳龍門

48.烏龍絞柱：
一、方向—西
二、動作—劍由左上往下繞至前面
左脚向前一步再由右上往下繞
至前面右脚向前一步，
三、重心—人左脚 又右脚

49.仙人指路：
一、方向—西
二、動作—左脚扣擺右脚雙手將劍
向前一刺。
三、重心—右脚

50、朝天一柱香：

一、方向—東

二、動作—左脚後退一步体由左後轉成左弓步右手將劍豎立於前方左手二指近劍柄處

三、重心—左脚

朝天一柱香

風掃梅花

51、風掃梅花：

一、方向—南

二、動作—以右踵爲軸由右往後全轉一週同時將劍平行橫掃左脚着地。

三、重心—右脚

52、抱笏式：

一、方向—南

二、動作—右脚向前出半步，脚尖向上同時双手由左右合於前方，手與劍尖向上左膝稍屈畧帶坐勢。

三、重心—左脚

抱笏式

53、合太極：

一、方向—正南

二、動作—左脚扣攏同時右手將劍柄交於左手中劍尖向左臂之外双手往下後側向前下垂左手持劍柄由內向外一轉後復正立姿勢

三、重心—右脚

合太極

玖、太極推手之重要

推手者所以求應用也若專習拳架而不習推手則應用不大太極推手有掤擴擠按採挒肘靠八法：

掤者使敵力向上不得下降也。

擴者使敵力騰散不得復聚也。

擠者以手推擲或肩背擠住敵身也。

按者用手下按制敵使不得逞也。

採者擇而取之以制敵之動力也。

挒者轉移其力還制其身即挒去之意也。

肘者以肘尖撑人之謂也。

靠者依也將近身時有肩靠騰打之稱也。

以此八法由二人肘腕掌指互相搭着推盪往來以研磨皮膚察知敵勁之輕重虛實及經過方位久之全身靈活感覺靈敏微動即知斯為懂勁矣太極拳以懂勁為拳中之要訣得此要訣則應心順手變化無窮也。

拾、太極推手之方法

推手有單推手與雙推手之別單推者即隻手單推雙推者即雙手並用茲將推

手方法六則分述於下。

一、單手平圓推揉法：

預備式——兩人對立各右脚上前一步，各右手腕背相貼交叉（各用左手亦可）

預備式

1、甲右手轉掌下按乙右腕向乙胸前推同時乙之右臂順勢內收過左肩下往右運行至胸之右側

2、乙向後坐肘尖下垂反掌向外脫離甲手還按甲腕。

單手平圓推揉法

3、乙手再向甲胸前推如1之動作。

4、甲手退揉如2之動作。

注意

推時全身聯動輕灵体重前進後退與左右轉体推成圓形往復揉動左右二手互易行之俟熟習後再習他式。

二、單手立圓推揉法：

預備式 同上

1、甲以右手掌緣下切乙腕乙隨甲之切 甲之指尖向乙腹部前指。

2、乙屈臂隨甲之切勁由下退揉畫下半圓 形過右腰傍上提至右耳之側。

3、乙右手接前之動作 作上半圓形伸 臂前指甲額

4、甲向後坐即屈右臂手貼乙腕隨其動作向側下引至腰旁作前推勢

附註：甲之動作即做倒輦猴式 乙即做下勢之動作也。

單手立圓推揉法

三、雙手按攦推揉法

預備式— 兩人對立各右足上前一步各右手腕背相貼交叉各左手掌心互拊對方人之右肘尖處四臂相搭共成一正圓形以二右腕相搭處為圓心兩人懷抱中所佔據之部份各得此圓之半恰似雙魚形太極圖之兩儀式

1、甲右手轉掌下按乙右腕，左手按乙之右肘向乙胸前推作按式。

2、乙屈右臂，順勢內收，左手附甲之右肘尖處，右手腕經左肩下往右運行，左手隨之向右下方屈臂作攦，使肘下垂。

3、乙雙手按甲之肘腕向甲胸前推作按式，如(1)之動作。

4、甲雙手退攦，如(2)之動作。

雙推手預備式

雙手按攦推揉法

四、雙手攦擠推揉法：

預備式——同上

1、甲坐身立左肘向後斜攦乙右臂。

2、乙趁勢下伸右臂進身向甲肘肘手之接觸点前靠並以左手下臂向外擠之

3、甲俯身向前以緩乙力並橫左手以尺骨或腕骨搭乙之上兩骨中間使乙臂貼身又以右手由臂內肘其接觸点向前擠之。

4、乙揉身向內走化甲力坐身立左肘向後斜攦甲之右臂如(1)甲之動作。

5、甲如(2)乙之動作。

6、乙如(3)甲之動作。

雙手攦擠推揉法

五、四正推手法：

四正推手者即兩人推手時用攦擠按掤四法向四正方周而復始作互相推手之運動也。

預備——兩人對立，作雙搭手右式。

1、甲屈膝後坐、又屈兩臂肘尖下垂（如琵琶式）兩手分攏乙之右臂腕肘處向懷內斜下方[攦]。

2、乙趁勢平屈右臂成九十度角形、向甲胸前推[擠]堵其雙腕並以左手稜撫臂內以助其勢。

3、甲當乙擠肘時腰微左轉雙手趁勢下[按]乙之左臂。

4、乙即以左臂擠推分作弧線向上運行[掤]化甲之按力同時右臂亦自下纏上托甲之左肘以助其勢。

5、乙掤化甲之按力後即趁勢擴甲之左臂。

6、甲隨乙之擴勁前擠。

7、乙隨甲之擠勁下按。

8、甲即掤化乙之按力後擴自此周而復始運轉不已是謂四正推手法

六、四隅推手法：

四隅推手者一名大擴即兩人推手時用肘靠採挒四法向四斜方周而復

始作互相推手之運動以擴大四正推手之勢也。

預備——兩人南北對立作雙搭手右式

1.甲右足向西北斜進一步左足上前一步作騎馬式或子午步右臂平屈右手撫乙之右腕左臂屈肘用下臂中部向西北斜攌乙之右臂。

2.乙即趁勢左足向左前方橫出一步移右足向甲襠中進一步同時右臂向下伸直肩隨甲之攌勁向甲胸部前擠左手撫右臂內輔助之此時甲乙仍相對互乙面視東北方。

3.甲以左手下按乙之左腕右手按乙之左肘夫下採同時左足由乙之右足外移至乙之襠中。

4.乙隨甲之採勁左腿向西南方後退作騎馬式左臂平屈左手撫甲之左腕右臂屈肘用下臂中部向西南方斜攌甲之左臂。

5、甲趁勢右足前出一步移左足向乙襠中進一步同時左臂向下伸直肩隨乙之攦勁向乙胸部前靠右手撫左臂內以助之此時甲乙仍相對立甲面視東南方。

6、甲左臂向上挑乙即隨甲之挑勁左手作掌向甲面部撲擊右手按甲之左肩斜向下挒。

7、甲隨乙之挒勁退左足向東北方進左手撫乙之左腕右臂屈肘向東北斜攦乙之左臂。

8、乙趁勢上右步移左足向甲襠中前進左臂隨甲之攦勁用肩向甲胸部前靠右手輔之面視西北方。

9、甲以右手下按乙之右腕，左手按乙之右肘尖下[採]，同時右足由乙左足外移至乙之襠中。

10、乙隨甲之採勁退右腳，向東南方進右手撫甲之右腕，左臂屈肘向東南斜擴甲之右臂。

11、甲趁勢上左步，移右足向乙襠中前進，右臂隨乙之擴勁用肩向乙胸部前靠，左手輔之，面視西南方。

12、甲右臂向上挑，乙即隨甲之挑勁右手作掌向甲面部撲裹，左手按甲之右肩，斜向下[挒]。甲退右腳，雙手擴乙之右臂腕肘處，還右双搭手式，此為一度，可繼續為之，是謂四隅推手法。

本書較對正誤表

頁數	行數	錯誤字句	誤	正	更正字句
3	三	恆竭必生之力	必	畢	恆竭畢生之力
8	四	日間早晚	日	時	時間早晚
10	十三	52披身捶	披	撇	撇身捶
29	七	若進患吾胸		敵	若「敵」進患吾胸
50	六	手由前往上		雙	「雙」手由前往上
31	十	休往右轉	休	体	体往右轉
80	七	右脚上前步		一	右脚上前「一」步
118	三	運轉小已	小	不	運轉不已

中華民國三十七年元月出版

全書一冊　實價國幣伍萬元

編著者　國立師範學院　文進之

印刷代售處　南岳市　鎮南書局